DROEMER

Von Henrik Lange ist bereits folgender Titel erschienen:
Filmklassiker für Eilige.
Und am Ende kriegen sie sich doch.
Knaur Taschenbuch 2011

Über den Autor:

Henrik Lange wurde 1972 in Göteborg geboren. Er hat mehrere Bücher veröffentlicht und unzählige Kinder- und Sachbücher illustriert. Das Zeichnen brachte er sich selbst bei.

Henrik Lange

Und am Ende sind sie alle tot

Weltliteratur für Eilige

Aus dem Englischen
von Marko Jacob

Dieses Buch erschien 2007 unter dem Titel »80 romaner för dig som har bråtom« in Schweden sowie 2008 unter dem Titel »90 classic books for people in a hurry« in Grossbritannien, beide Ausgaben bei NICOTEXT.

Besuchen Sie uns im Internet:
www.droemer.de

Vollständige Taschenbuchausgabe Oktober 2016
Droemer Taschenbuch
© 2008 by NICOTEXT
NICOTEXT part of Cladd media ltd.
© 2009 der deutschsprachigen Ausgabe bei
Knaur Taschenbuch
Ein Imprint der Verlagsgruppe
Droemer Knaur GmbH & Co. KG, München
Alle Rechte vorbehalten. Das Werk darf – auch teilweise –
nur mit Genehmigung des Verlags wiedergegeben werden.
Covergestaltung: ZERO Werbeagentur, München
Coverabbildung: Henrik Lange
Satz: Adobe InDesign im Verlag
Druck und Bindung: CPI books GmbH, Leck
ISBN 978-3-426-30130-2

2 4 5 3 1

Inhalt

(zum Ankreuzen: Bücher, die ich schon gelesen habe)

- ☐ Romeo und Julia (William Shakespeare) 8
- ☐ Im Westen nichts Neues (Erich Maria Remarque) 10
- ☐ Fahrenheit 451 (Ray Bradbury) 12
- ☐ Faktotum (Charles Bukowski) 14
- ☐ American Psycho (Breat Easton Ellis) 16
- ☐ Der Tod in Venedig (Thomas Mann) 18
- ☐ Rambo (David Morrell) 20
- ☐ Auf der Suche nach Indien (E.M. Forsten) 22
- ☐ Der Strand (Alex Garland) 24
- ☐ Schwarzes Wasser (Joyce Carol Oates) 26
- ☐ Schöne neue Welt (Aldous Huxley) 28
- ☐ Ayla und der Clan des Bären (Jean M. Auel) 30
- ☐ Stadt aus Glas (Paul Auster) 32
- ☐ Tod eines Handlungsreisenden (Arthur Miller) 34
- ☐ Dracula (Bram Stoker) 36
- ☐ Das Goldene Notizbuch (Doris Lessing) 38
- ☐ Der grosse Gatsby (F. Scott Fitzgerald) 40
- ☐ Gullivers Reisen (Jonathan Swift) 42
- ☐ Per Anhalter durch die Galaxis (Douglas Adams) 44
- ☐ Hundert Jahre Einsamkeit (Gabriel Garcia Márquez) . . 46
- ☐ Ich bin Legende (Richard Matheson) 48
- ☐ Auf der Suche nach der verlorenen Zeit
  (Marcel Proust) 50
- ☐ Ein Krokodil für Mma Ramowtse (Alexander
  McCall Smith) 52
- ☐ Das Parfum – Die Geschichte eines Mörders
  (Patrick Süskind) 54
- ☐ Friedhof der Kuscheltiere (Stephen King) 56
- ☐ Die Klavierspielerin (Elfriede Jelinek) 58
- ☐ Der Schatten des Windes (Carlos Ruiz Zafón) 60

- ☐ Der Fremde (Albert Camus) 62
- ☐ Der Spion, der aus der Kälte kam (John le Carré) 64
- ☐ Die Dornenvögel (Colleen McCullough) 66
- ☐ Die drei Musketiere (Alexandre Dumas) 68
- ☐ Wer die Nachtigall stört (Harper Lee) 70
- ☐ Onkel Toms Hütte (Harriet Beecher Stowe) 72
- ☐ Der Da Vinci Code (Dan Brown) 74
- ☐ Der Herr der Ringe (J.R.R. Tolkien) 76
- ☐ Herz der Finsternis (Joseph Conrad) 78
- ☐ Der alte Mann und das Meer (Ernest Hemingway) 80
- ☐ Die Chroniken von Narnia: Der König von Narnia (C.S. Lewis) 82
- ☐ Herr der Fliegen (William Golding) 84
- ☐ Der Krieg der Welten (H.G. Wells) 86
- ☐ 1984 (George Orwell) 88
- ☐ Moby Dick (Herman Melville) 90
- ☐ Der Prozess (Franz Kafka) 92
- ☐ Die Bibel 94
- ☐ Schuld und Sühne (Fjodor Dostojewski) 96
- ☐ Der sinnreiche Junker Don Quijote von der Mancha (Miguel de Cervantes) 98
- ☐ 20.000 Meilen unter dem Meer (Jules Verne) 100
- ☐ Die Schatzinsel (Robert Louis Stevenson) 102
- ☐ Das Bildnis des Dorian Gray (Oscar Wilde) 104
- ☐ Die Abenteuer des Tom Sawyer (Mark Twain) 106
- ☐ Der Name der Rose (Umberto Eco) 108
- ☐ Lolita (Vladimir Nabokov) 110
- ☐ Catch-22 (Joseph Heller) 112
- ☐ Odyssee (Homer) 114
- ☐ Der Ruf der Wildnis (Jack London) 116
- ☐ Fräulein Smillas Gespür für Schnee (Peter Høeg) 118
- ☐ Unten am Fluss (Richard Adams) 120
- ☐ Schiffbruch mit Tiger (Yann Martel) 122

- ☐ Naked Lunch (William S. Burroughs) 124
- ☐ Alice im Wunderland (Lewis Carroll) 126
- ☐ Der Ekel (Jean-Paul Sartre) 128
- ☐ Fettklösschen (Guy de Maupassant) 130
- ☐ Und dann gabs keines mehr (Agatha Christie) 132
- ☐ Clockwork Orange (Anthony Burgess) 134
- ☐ Der Glöckner von Notre-Dame (Victor Hugo) 136
- ☐ Drei Mann in einem Boot (Jerome K. Jerome) 138
- ☐ Von Mäusen und Menschen (John Steinbeck) 140
- ☐ Unterwegs (Jack Kerouac) 142
- ☐ Der Meister und Margarita (Michail Bulgakov) 144
- ☐ Der Fänger im Roggen (J.D. Salinger) 146
- ☐ Ulysses (James Joyce) 148
- ☐ Das verräterische Herz (Edgar Allan Poe) 150
- ☐ Das Boot (Lothar-Günther Buchheim) 152
- ☐ Watchmen (Alan Moore) 154
- ☐ Einer flog über das Kuckucksnest (Ken Kesey) 156
- ☐ Thérèse Raquin (Émile Zola) 158
- ☐ Unser Mann in Havanna (Graham Greene) 160
- ☐ Charlie und die Schokoladenfabrik (Roald Dahl) 162
- ☐ Frankenstein (Mary Shelley) 164
- ☐ Robinson Crusoe (Daniel Defoe) 166
- ☐ Der Hund von Baskerville (Arthur Conan Doyle) 168
- ☐ Steppenwolf (Hermann Hesse) 170
- ☐ Stolz und Vorurteil (Jane Austen) 172
- ☐ Die Nackten und die Toten (Norman Mailer) 174
- ☐ 2001: Odyssee im Weltraum (Arthur C. Clarke) 176
- ☐ Oliver Twist (Charles Dickens) 178
- ☐ Hunger (Knut Hamsun) 180
- ☐ Der Alchimist (Paulo Coelho) 182
- ☐ Ignaz und die Verschwörung der Idioten
  (John Kennedy Toole) 184
- ☐ Der grosse Schlaf (Raymond Chandler) 186

Romeo und Julia, 1597
William Shakespeare, 1564-1616

8

Romeo und Julia

Die Liebe von Romeo und Julia steht unter keinem guten Stern – ihre Familien sind sich spinnefeind. Trotzdem schmachtet Romeo hingebungsvoll unter Julias Balkon.

Dann wird es kompliziert. Romeo tötet Julias Cousin und wird verbannt. Und Julia täuscht ihren eigenen Tod vor.

Es funktioniert! Romeo fällt darauf herein und bringt sich aus Kummer selbst um. Julia erwacht, sieht ihn da liegen und ersticht sich mit seinem Dolch. Beide tot.

Wirklich ein Stück voller Missverständnisse.

Im Westen nichts Neues, 1929
Erich Maria Remarque, 1898-1970
___

10

Im Westen nichts Neues

Paul zieht begeistert direkt von der Schulbank in den Ersten Weltkrieg. Wetten, dass er das noch bereuen wird?

Und dann: überall Verletzte, Tote, Blut – aber was erwartest du? Es ist Krieg.

An einem ruhigen Tag, kurz vor Kriegsende, erwischt es Paul, während er eine Blume pflücken will. Die Ironie daran ist nicht zu übersehen, oder?

Fahrenheit 451, 1953
Ray Bradbury, 1920–
___

12

Fahrenheit 451

In naher Zukunft: Feuerwehrmänner löschen nicht mehr das Feuer, sondern müssen es selbst legen, wann immer sie Bücher entdecken.
Verrückte Welt.

Dummerweise interessiert sich einer von ihnen, Guy Montag, mehr fürs Lesen als fürs Anzünden. Um sein Geheimnis zu wahren, wird er zum Kollegenmörder – und läuft davon.

In den Wäldern vor der Stadt findet er eine Gruppe, die Bücher auswendig lernt, um sie vor dem Vergessen zu bewahren. Nach einem Krieg (schon wieder) zeigt sich: Leser leben länger.

Faktotum, 1975
Charles Bukowski, 1920-1994

14

American Psycho, 1991
Breat Easton Ellis, 1964-

16

American Psycho

Patrick Bateman ist ein echter Wall-Street-Idiot. Bei ihm geht es nur um Geld, ihn selbst, Visiten-karten, ihn selbst, Geschäfts-kontakte, ihn selbst ...

Ach ja, ausserdem bringt Patrick reihenweise Leute um. Netter Kerl.

Irgendwann weiss man nicht mehr, ob er wirklich getötet oder nur fantasiert hat.

Aber egal: Mit Sicherheit ist er immer noch ein Wall-Street-Idiot.

Der Tod in Venedig, 1912
Thomas Mann, 1875-1955

18

Der Tod in Venedig

Gustav von Aschenbach fühlt sich müde und leer; nicht die besten Umstände für einen Autor. Er beschliesst, nach Venedig zu reisen. Vielleicht hilft's ja

In Venedig streift er einsam umher, grübelt zu viel und verliebt sich schliesslich in einen polnischen Jungen.

Dann stirbt er, in Venedig (treffender Titel!). Und für einen Autor in der Schaffenskrise hätte es auch schlimmer kommen können.

Rambo, 1972
David Morrell, 1943–

20

Rambo

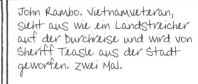

John Rambo. Vietnamveteran, sieht aus wie ein Landstreicher auf der Durchreise und wird von Sheriff Teasle aus der Stadt geworfen. Zwei Mal.

Beim dritten Mal reicht es ihm. Er verwandelt den Ort und die angrenzenden Wälder in einen echten Kriegsschauplatz. Gelernt ist gelernt.

Trautman, Rambos ehemaliger Chef, tötet schliesslich seinen früheren Schützling – möglicherweise. Das hätte der Welt einige überflüssige Fortsetzungen im Kino erspart.

Auf der Suche nach Indien, 1924
E.M. Forster, 1879-1970

22

Auf der Suche nach Indien

Indien, gegen Ende der Kolonialzeit: Cyril Fielding und Dr. Aziz sind dicke Freunde, obwohl der eine Brite und der andere Inder ist.

Nach einem Ausflug zu den Marabar-Grotten wird Aziz (zu unrecht) beschuldigt, die junge Britin Adela sexuell belästigt zu haben. Es kommt zu Spannungen.

Die Anschuldigungen gegen Aziz werden abgeschmettert, aber Cyril und er können nun keine Freunde mehr sein. Blöder Kolonialismus.

Der Strand, 1996
Alex Garland, 1970–

24

Der Strand

Der junge Engländer Richard ist als Backpacker in Thailand unterwegs. Auf Umwegen kommt er an die Karte eines geheimen Strandes.

Tatsächlich findet er den Strand und eine geheime Kommune noch dazu. Er beschliesst zu bleiben, verdirbt dort aber irgendwie die Stimmung.

Dann laufen die Dinge aus dem Ruder: Menschen sterben, Richard wird beinahe wahnsinnig und schafft gerade noch den Absprung – zurück nach England.

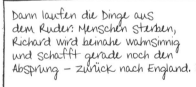

Das Paradies ist auch nicht mehr das, was es mal war.

Schwarzes Wasser, 1992
Joyce Carol Oates, 1938–

26

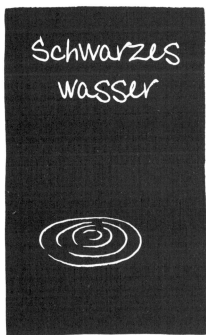

Schwarzes Wasser

Kelly Kelleher ist in einem sinkenden Wagen gefangen.

Sie war unterwegs mit dem »Senator«. Er kann sich retten und überlässt sie ihrem Schicksal – dabei sass er doch am Steuer. Ach ja, sein Name ist NICHT Kennedy.

Nein, wir sind hier nicht in Chappaquiddick. Wirklich nicht. Aber das Wasser füllt trotzdem unaufhaltsam Kellys Lungen, bis sie stirbt.

PLOPP

Schöne neue Welt, 1932
Aldous Huxley, 1894-1963

28

Schöne neue Welt

Bernard und Lenina machen Urlaub in der Wildnis und treffen dort John – einen Wilden. Sie wollen ihm ein bisschen Abwechslung gönnen und nehmen ihn mit nach Hause, in den Weltstaat.

Im Weltstaat machen die Leute ständig Party und nehmen massenhaft Soma, die Staatsdroge, als gäbe es kein Morgen. John staunt.

Als John nach einer Weile erkennt, dass er wie alle anderen zum Soma-Junkie geworden ist, greift er aus Scham zum Strick.
Keine Macht den Drogen!

Ayla und der Clan des Bären, 1980
Jean M. Auel, 1936-
___

30

Stadt aus Glas, 1985
Paul Auster, 1947-

32

Stadt aus Glas

Daniel Quinn bekommt einen Anruf. Und noch einen. Und noch einen. Immer nachts. Jedes Mal verlangt der Anrufer nach Paul Auster (!), einem Detektiv (!!).

Irgendwann hat Daniel die Anrufe satt und beginnt zu ermitteln. Sein Auftrag: Peter Stillman sen. zu folgen, einem verrückten Alten, der es auf seinen Sohn abgesehen haben soll.

Nach mehreren Monaten verliert Daniel Stillmans Spur – und möglicherweise auch sein Apartment. Kein Ruhmesblatt für einen Detektiv.

Tod eines Handlungsreisenden, 1949
Arthur Miller, 1915-2005

34

Tod eines Handlungsreisenden

William »Willy« Loman ist ein alter und nicht sonderlich erfolgreicher Handlungsreisender.

Als er seinen Job verliert, sehen seine Söhne, Biff und Happy, in ihm nur noch einen alten Loser. Aber wer will ihnen das bei den Namen auch verdenken?

Deshalb beschliesst Willy, sich selbst umzubringen. Erfolgreich.

Dracula, 1897
Bram Stoker, 1847-1912

36

Dracula

Um Graf Dracula ein Haus in London zu verkaufen, reist Jonathan Harker nach Transsilvanien. Dort wird er von seinem seltsamen Gastgeber im Schloss eingesperrt – bis ihm die Flucht gelingt.

Doch Dracula verfolgt ihn bis nach London. Dort umwirbt er Harkers Braut Mina und stellt die halbe Stadt auf den Kopf. Harker und der leicht verrückte Van Helsing jagen den Vampir zurück nach Transsilvanien, wo sie ihn schliesslich töten.

Als Harker und Mina viel später ein Baby bekommen, hat es süsse kleine Fangzähne. Wie Mina das wohl erklären will ...

Das Goldene Notizbuch, 1962
Doris Lessing, 1919-
___

38

Das Goldene Notizbuch

Anna Wulf ist eine Schriftstellerin. Kaum zu glauben: Ein Buch über eine Schriftstellerin.

Sie führt gleich vier Tagebücher: schwarz, rot, gelb und blau – jeweils eins für einen Bereich ihres Lebens. Am Ende will sie alle vier in einem einzigen – dem goldenen – Notizbuch zusammenfassen.

Durch das Schreiben kommt Anna mit sich selbst ins Reine, tritt der Labour Partei bei und ist alles in allem eine glückliche Frau schön.

Nobelpreisverdächtige Geschichte!

Der grosse Gatsby, 1925
F. Scott Fitzgerald, 1896-1940

40

Gullivers Reisen, 1726
Jonathan Swift, 1667-1745

42

Gullivers Reisen

Gulliver liebt es zu reisen und ist viel unterwegs. Nach einem Schiffbruch wird er in Lilliput an Land gespült, wo die Menschen winzig sind – und nicht besonders freundlich zu ihm. Er verschwindet lieber von dort.

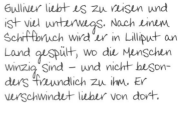

Gulliver macht sich bald wieder auf den Weg, und es verschlägt ihn nach Brobingnag. Dort sind die Menschen riesig – und, ja genau, nicht besonders freundlich. Er entkommt erneut.

Nach weiteren Reisen und Schiffbrüchen landet er bei den Houyhnhnms, echt netten Pferden, die sich unansehnliche Menschen halten. Nach seiner Rückkehr nach Hause versteht sich Gulliver prächtig mit seinen Pferden. Mit den Menschen weniger.

Mister Ed würde das Buch lieben.

Per Anhalter durch die Galaxis, 1979
Douglas Adams, 1952-2001
___

44

Per Anhalter durch die Galaxis

Die Zukunft, irgendwie: Arthur Dent und Ford Perfect flüchten von der Erde – wenige Sekunden bevor die Vogons sie zerstören.

Sie trampen durchs Universum, suchen den Sinn des Lebens und treffen jede Menge hipper Weltraumkreaturen.

Ein paar Fortsetzungen später übernehmen die Vogons erneut das Kommando, um endgültig die Erde zu zerstören ... Schon wieder.

Hundert Jahre Einsamkeit, 1967
Gabriel Garcia Márquez, 1927-
_____

46

Hundert Jahre Einsamkeit

Das Buch erzählt die Geschichte einer Familie aus Macondo, angefangen mit Leuten wie José Arcadio, den alle für verrückt halten.

Über 7 Generationen und 100 Jahre hinweg passiert eine Menge, und alle in der Familie heissen irgendetwas mit José, Arcadio und/oder Aureliano. Sehr kreativ.

In der 7. Generation wird der kleine Aureliano (hab ich's nicht gesagt?) von Ameisen weggetragen. Ende der Geschichte.

Ich bin Legende, 1954
Richard Matheson, 1926-

48

Ich bin Legende

Robert Neville steckt in einer echt blöden Situation: Eine Seuche hat anscheinend jeden ausser ihn infiziert und in Vampire verwandelt.

Aber es kommt noch schlimmer: Er hängt ausgerechnet in L.A. fest.

Am Tage jagt er die Vampire, bei Nacht versteckt er sich vor ihnen. Und trinkt. Schöner Alltag.

Am Ende merkt er, dass er hier der seltsame Aussenseiter ist. Weil das die Vampire auch so sehen, soll er hingerichtet werden, darf vorher aber noch eine Pille schlucken. Willkommen in Hollywood.

Auf der Suche
nach der verlorenen Zeit, 1913-1927
Marcel Proust, 1871-1922

50

Auf der Suche nach der verlorenen Zeit

Als der Erzähler des Buches einen Keks in seinen Tee tunkt, steigt in ihm die Erinnerung auf – über 1000 Seiten lang.

Seine Erinnerungen enthalten eine Menge Sex, oft zwischen zwei Frauen.

Typisch französische Memoiren also.

Im Einzelnen: Leute lachen, weinen, schlafen miteinander und versuchen nach oben zu kommen. Am Ende entscheidet sich der Erzähler – natürlich – einen Roman über all das zu schreiben. Toll.

Ein Krokodil für Mma Ramotswe, 1999
Alexander McCall Smith, 1948-

52

Ein Krokodil für Mma Ramowtse

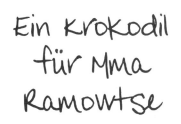

Die nicht ganz schlanke Precious Ramowtse verwendet ihr Erbe, um die erste Detektei in Botswana zu eröffnen.

Wie nebenbei löst sie so manches alltägliche Problem und erzählt von Afrika und den Tieren dort.

Ach ja, mit einem Mann läuft natürlich auch noch etwas. Fortsetzung folgt sicher.

Das Parfum –
Die Geschichte eines Mörders, 1985
Patrick Süskind, 1949-

54

Das Parfum

Der kleine Grenouille hat zwar keinen eigenen Körpergeruch, aber – Ironie! – dafür den perfekten Geruchssinn.

Als junger Mann lässt er sich zum Parfumeur ausbilden. Später beginnt er Frauen umzubringen, um ihren Geruch für Parfums zu gewinnen. Viele Frauen.

Als er endlich den perfekten Duft gefunden hat, macht ihn das aber auch nicht glücklich. Die Menschen sind so betört, dass sie ihn im Rausch in Stücke reissen. Mit Kölnisch Wasser wäre das nicht passiert.

Friedhof der Kuscheltiere, 1983
Stephen King, 1947-
___

56

Friedhof der Kuscheltiere

Louis hat ein Problem damit, Abschied zu nehmen und einen Verlust zu akzeptieren.

Zuerst begräbt er seinen Sohn auf einem Friedhof. Dort erwachen die Toten wieder zum Leben. Grosse Überraschung: Sein Sohn kehrt zurück, böse und gruselig, und muss umgebracht werden.

Hat Louis daraus gelernt? Nein. Er begräbt auch seine Frau dort, auch sie kehrt zurück, böse und gruselig. Ende.

"Darling..."

Louis sollte endlich anfangen, nach vorn zu blicken.

Die Klavierspielerin, 1983
Elfriede Jelinek, 1946–

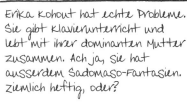

Die Klavierspielerin

♪

Erika Kohout hat echte Probleme. Sie gibt Klavierunterricht und lebt mit ihrer dominanten Mutter zusammen. Ach ja, sie hat ausserdem Sadomaso-Fantasien. Ziemlich heftig, oder?

Walter, einer ihrer Schüler, verliebt sich in sie. Sie bittet ihn in einem »Liebesbrief«, sie zu missbrauchen, erst sagt er nein, dann tut er's doch. Nicht gerade das, was man eine romantische Beziehung nennen würde.

Als sie ihn in der Öffentlichkeit mit einer anderen flirten sieht, sticht sie sich mit dem Messer in die Schulter – und geht nach Hause.

Der Schatten des Windes, 2001
Carlos Ruiz Zafón, 1964-

60

Der Schatten des Windes

In einer geheimen Bibliothek findet der junge Daniel ein Buch, von dem er mehr und mehr besessen ist.

Er wird von verschiedenen Leuten verfolgt, unter ihnen der gefährliche Inspektor Fumero. Vielleicht hätte ihm mal jemand sagen sollen, dass er auch ein anderes Buch lesen könnte.

Nach einigem Hin und Her wird der böse Inspektor ermordet, und Daniel kann wieder ruhig schlafen.

Der Fremde, 1942
Albert Camus, 1913-1960

Der Spion, der aus der Kälte kam, 1963
John le Carré, 1931-

64

Die Dornenvögel, 1977
Colleen McCullough, 1937–

66

Die Dornenvögel

Australien: Die frühreife Meggie Cleary ist unsterblich verliebt in Pater Ralph, den Priester des Ortes. So ganz abgeneigt ist auch er nicht. Aber Gott geht vor.

Einige Jahre und viele Verwicklungen später geben die beiden dann doch ihrer Leidenschaft nach. Das Fleisch ist halt schwach.

Wieder Jahre später: Ralph ist inzwischen Kardinal, und Meggie vertraut ihm an, dass sie ein gemeinsames Kind hatten. Die Erkenntnis haut ihn um, kurz darauf stirbt er. Tragisch.

Die drei Musketiere, 1844
Alexandre Dumas, 1802-1870

68

Die drei Musketiere

In Paris will sich d'Artagnan seinen Traum erfüllen: ein Musketier zu werden. Er freundet sich mit drei von ihnen an.

Natürlich geht's auch hier um eine Frau: die umwerfende, aber schwer kriminelle Mylady. Sie kann nahezu jeden Mann verführen – und tut dies im Verlauf der Geschichte auch ausgiebig.

Töten Sie, d'Artagnan!

Am Ende verliert Mylady ihren Kopf (im wahrsten Sinn des Wortes), und d'Artagnan wird offiziell ein Musketier.

Wer die Nachtigall stört, 1960
Harper Lee, 1926-
___

70

wer die Nachtigall stört

Im tiefsten Süden der USA: Atticus Finch vertritt als Rechtsanwalt den Farbigen Tom Robinson. Der wird beschuldigt, eine weisse vergewaltigt zu haben.

Obwohl Atticus beweisen kann, dass Tom unschuldig ist, wird der verurteilt und hingerichtet. Wie gesagt: tiefster Süden.

Atticus' Kinder werden vom Vater des vergewaltigten Mädchens mit einem Messer bedroht, aber der eigentlich gruselige Nachbar Boo Radley kann sie beschützen. Immerhin ein Lichtblick.

Onkel Toms Hütte, 1852
Harriet Beecher Stowe, 1811-1896
―――――――――――――――――

72

Onkel Toms Hütte

Onkel Tom wird von seinem Besitzer, Mr. Shelby, aus Finanznot an einen anderen Plantagenbesitzer verkauft.

Tom wird dann noch einmal weitergereicht. Sein neuer Besitzer, ein brutaler Farmer in Louisiana schlägt und misshandelt ihn mit der Peitsche. Aber Toms Glauben kann er nicht brechen.

Da er sich nicht beugen will, wird er zu Tode geprügelt. Shelbys Sohn, der Tom eigentlich zurückkaufen wollte, kann ihn nur noch begraben – und lässt daraufhin alle seine Sklaven frei. Halleluja

Der Da Vinci Code, 2003
Dan Brown, 1964–

74

Der Da Vinci Code

Im Louvre ist ein Mord geschehen. Robert Langdon wird verdächtigt und gejagt. Museen können echt gefährliche Orte sein.

Robert und Sophie, die ihm helfen will, werden von jeder Menge religiöser Eiferer verfolgt, alle auf der Suche nach dem Heiligen Gral. Merke: Nicht nur Museen, auch Opus Dei ist gefährlich.

Am Ende stellt sich heraus, dass Maria Magdalena der Heilige Gral ist und Sophie eine Nachfahrin von ihr und Jesus. Der Katholischen Kirche wird das gar nicht gefallen.

Der Herr der Ringe, 1954/55
J.R.R. Tolkien, 1892-1973

76

Der Herr der Ringe

Der Hobbit Frodo bekommt von seinem Adoptivater einen magischen Ring, mit dem sich die Welt beherrschen lässt. Da der Ring BÖSES hervorbringt, sollte Frodo ihn besser nicht tragen.

Jede Menge dunkler Gestalten in Mittelerde sind hinter dem Ring (und hinter Frodo) her, und vor allem der gruselige Sauron scheint ganz besessen davon.

Nach vielen Schlachten kommt Frodo mit einigen Gefährten am Schicksalsberg Mordor an. Nur dort kann der Ring zerstört werden. Schöner Filmstoff, oder?

Herz der Finsternis, 1899
Joseph Conrad, 1857-1924
───────────────────────────
78

Herz der Finsternis

Marlow befährt als Kapitän mit seinem Dampfboot im Auftrag einer belgischen Handelsgesellschaft den Kongo.

Flussaufwärts macht er sich auf die Suche nach Kurtz, einem besonders erfolgreichen Händler der Firma.

Er findet Kurtz. Der spiesst Schädel auf Stöcke, schreibt Gedichte und ist komplett wahnsinnig. Dann ist er tot. Marlow kehrt um.

Der alte Mann und das Meer, 1952
Ernest Hemingway, 1899-1961

80

Der alte Mann und das Meer

Santiago ist ein alter Fischer, der seit 84 Tagen nichts mehr gefangen hat. Keine gute Quote für einen Fischer.

Also entschliesst er sich, weit rauszufahren, um endlich einen verdammten Fisch zu fangen.

Nachdem er eine Menge mit sich selbst gesprochen hat, bekommt er tatsächlich einen riesigen Schwertfisch an den Haken.

Aber Haie kommen ihm zuvor, und ihm bleibt nur noch das Skelett. Alt ist er immer noch – und hungrig.

Die Chroniken von Narnia:
Der König von Narnia, 1950
C.S. Lewis, 1898-1963

82

Die Chroniken von Narnia: Der König von Narnia

Vier Geschwister finden durch einen geheimnisvollen Kleiderschrank ins magische Königreich von Narnia.

Die böse weisse Hexe will die Kinder töten, aber König Aslan, der magische Löwe, kommt ihnen zu Hilfe und gibt für sie sein Leben.

Die Kinder werden zu Königinnen und Königen und regieren viele Jahre. Als sie zufällig in den Kleiderschrank geraten, ist der Spass vorbei. Oder?

Herr der Fliegen, 1954
William Golding, 1911-1993

84

Herr der Fliegen

Ralph und Piggy sitzen nach einem Flugzeugabsturz zusammen mit einigen anderen Jungs auf einer einsamen Insel fest.

Bald schon bilden sich Grüppchen, die sich bekämpfen. Einige von ihnen sterben sogar. Klingt nicht gerade nach einem Pfadfinderlager.

Als der böse Jack die ganze Insel abfackeln will, taucht endlich ein Marineschiff auf.

Der Kapitän des Schiffes sagt, sie sollten sich alle schämen.

Der Krieg der Welten, 1898
H.G. Wells, 1866-1946

86

1984, 1949
George Orwell, 1903-1950
_____

88

Winston Smith lebt in Ozeanien – ein totalitärer Staat unter den Augen vom allgegenwärtigen Big Brother.

Winston trifft Julia und verliebt sich in sie. Ausserdem will er sich einer Untergrundorganisation anschliessen.

Eine Falle! Nach einer Gehirnwäsche mutiert er zu einem Zombie, der den ganzen Tag nur Gin trinkt ...

Hätte auch schlimmer kommen können.

Moby Dick, 1851
Herman Melville, 1819-1891

90

Moby Dick

Der junge, abenteuerlustige Ismael heuert auf einem Walfänger unter dem Kommando von Kapitän Ahab an.

Ahab und seine Mannschaft sind aber nicht einfach auf der Suche nach Walen, sondern sie jagen wie besessen DEN einen Wal: Moby Dick.

Wie alle Besessenheit, endet auch diese tragisch. Bei einer Begegnung mit dem weissen Wal sinkt das Schiff, und die ganze Mannschaft stirbt –

nur Ismael kann sich retten, auf einen Sarg. Makabres Ende.

Der Prozess, 1925
Franz Kafka, 1883-1924
───────────────────────

92

Der Prozess

§

Ausgerechnet an seinem Geburtstag wird Josef K. verhaftet. So genau weiss man nicht, warum. Er selbst übrigens auch nicht.

Einige wirklich seltsame Gerichtsverhandlungen führen auch zu keiner neuen Erkenntnis – im Gegenteil wird alles immer verworrener.

Ein Jahr nach seiner Verhaftung wird Josef K. dann von seinen Wächtern in einem Steinbruch umgebracht – und hat immer noch keine Ahnung, warum.

Seltsames Rechtssystem.

Die Bibel

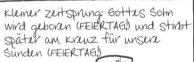

Schuld und Sühne, 1866
Fjodor Dostojewski, 1821-1881

96

Schuld und Sühne

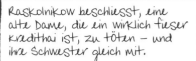

Raskolnikow beschliesst, eine alte Dame, die ein wirklich fieser Kredithai ist, zu töten – und ihre Schwester gleich mit.

Aber danach – grosse Überraschung – ergreifen Schuldgefühle und Verfolgungswahn von ihm Besitz.

Um sich von seiner Schuld zu befreien, stellt er sich den Behörden und findet in einem sibirischen Lager so etwas wie Frieden.

Und er findet heraus, dass er noch fähig ist zu lieben. Ein echtes Happy End à la Dostojewski.

Der sinnreiche Junker
Don Quijote von der Mancha, 1605
Miguel de Cervantes, 1547-1616
___

98

Der sinnreiche Junker Don Quijote von der Mancha

Damals, als es noch kein Fernsehen gab: Don Quijote liest zu viel und wird wunderlich.

Er greift Windmühlen an, die er für Riesen hält. Und sogar sein Pferd meint, er sei verrückt.

Am Ende denkt er, die Zeiten sind nicht für Helden gemacht, und reitet nach Hause. Sein Pferd dankt Gott dafür. Die Windmühlen auch.

20.000 Meilen unter dem Meer, 1870
Jules Verne, 1828-1905
___

100

20.000 Meilen unter dem Meer

Der französische Wissenschaftler Professor Aronnax leitet eine Expedition, die Jagd auf ein Seeungeheuer machen soll.

Das Ungeheuer stellt sich als gigantisches U-Boot heraus, in dem Aronnax von Kapitän Nemo entführt wird.

Am Ende gelingt Aronnax mit zwei anderen Gefangenen die Flucht, während Nemo mit seinem U-Boot von einem riesigen Strudel verschluckt wird.

Die Schatzinsel, 1883
Robert Louis Stevenson, 1850-1894

Die Schatzinsel

Jim Hawkins findet in einer Seemannskiste eine Schatzkarte vom Versteck des sagenhaften Schatzes von Captain Flint.

Jim heuert auf einem Schiff an, um auf Schatzsuche zu gehen – gemeinsam mit jeder Menge rauher Seebären, unter ihnen auch Long John Silver.

Auf der Insel gibt es einigen Ärger – und den Guten gehört am Ende der Schatz.

Das Bildnis des Dorian Gray, 1890
Oscar Wilde, 1854-1900
___

104

Das Bildnis des Dorian Gray

Der gutaussehende, aber selbstsüchtige Dorian besitzt ein Portrait, das statt ihm altert. Botox-Fans hätten so etwas bestimmt auch gern.

Während er immer massloser und grausamer wird, bleibt sein Äusseres jung und makellos schön. Um sein Geheimnis zu bewahren, begeht er sogar einen Mord.

Dem Wahnsinn nahe, versucht Dorian schliesslich das Bild zu zerstören. Als am nächsten Tag seine Leiche gefunden wird, ist sie alt und runzlig, während das Bild in jungem Glanz erstrahlt.

Mit Botox wäre das sicher nicht passiert.

Die Abenteuer des Tom Sawyer, 1876
Mark Twain, 1835-1910

106

Die Abenteuer des Tom Sawyer

Tom und sein Kumpel Huckleberry Finn beobachten heimlich, wie der zwielichtige Indianer Joe einen Mord begeht.

Tom beschliesst, vor Gericht gegen Indianer Joe auszusagen. Der entkommt gerade noch durch ein Fenster und erwischt Tom später fast in einer verborgenen Höhle. Hätte er bloss die Klappe gehalten.

Schliesslich finden Tom und Huck auch noch einen Schatz, den Indianer Joe versteckt hatte. Im Dorf werden sie als Helden gefeiert.

Zivilcourage kann sich also doch auszahlen.

Der Name der Rose, 1980
Umberto Eco, 1932-

108

Lolita, 1955
Vladimir Nabokov, 1899-1977

110

Lolita

Humbert verliebt sich gern mal in junge Mädchen. Um an die 12-jährige Dolores, Lolita, heranzukommen, heiratet er einfach ihre Mutter. Die stirbt bald darauf.

Humbert zwingt Lolita zu einer zweijährigen Reise durch ganz Amerika und dazu, ihm zu Diensten zu sein. Irgendwann schafft sie es aber, ihm zu entkommen, und brennt mit einem Verehrer durch.

Jahre später trifft Humbert die schwangere Lolita wieder und will wissen, wer ihr damals geholfen hat. Dann erschiesst er den Kerl.

Hätte er sich lieber an die Mutter gehalten.

Catch-22, 1961
Joseph Heller, 1923-1999

112

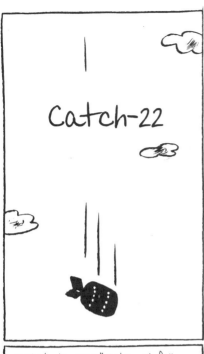

Zweiter Weltkrieg: Yossarian ist ein Pilot, der nicht mehr fliegen will. Klingt ganz nach einem Antikriegsroman, oder?

Er hat den verrückten Einfall, sich krank zu stellen, um nicht mehr abheben zu müssen.

Aber es gibt da diese Regel: Catch-22. Die besagt, nur jemand, der krank ist, würde keine Angst vorm Fliegen im Krieg haben. Logisch.

Yossarian verschwindet nach Schweden – in einem Boot.

Odyssee
Homer, ca. 8. Jh. v. Chr.

114

Nach einem verdammt langen Arbeitstag vor Troja ist Odysseus auf dem Heimweg nach Ithaka. Vorher muss er aber noch einige Prüfungen bestehen – wie den Kampf mit dem Kyklopen ...

... und dem Widerstehen der verlockenden Sirenen. Gar nicht so leicht, auf einem Boot unter lauter verschwitzten Männern.

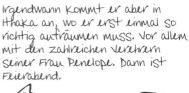

Irgendwann kommt er aber in Ithaka an, wo er erst einmal so richtig aufräumen muss. Vor allem mit den zahlreichen Verehrern seiner Frau Penelope. Dann ist Feierabend.

Der Ruf der Wildnis, 1903
Jack London, 1876-1916

116

Der Ruf der Wildnis

Der arme Buck wird aus seinem entspannten Hundeleben unter kalifornischer Sonne als Schlittenhund ins bitterkalte Alaska verschleppt.

Dort erlebt er viele Abenteuer, hört immer lauter den Ruf der Wildnis und findet in John Thorton einen echt coolen Schlittenführer.

Nach Thortons Tod gibt er dem Ruf endgültig nach und schliesst sich einem Wolfsrudel an. Wilde Geschichte.

Fräulein Smillas Gespür für Schnee, 1992
Peter Høeg, 1957-

118

Fräulein, Smillas Gespür für Schnee

Kopenhagen im Winter: Als der Nachbarsjunge Isaiah vom Dach stürzt und stirbt, beginnt Smilla, die seltsame Spuren im Schnee entdeckt, zu ermitteln.

Sie findet heraus, dass das Geheimnis auf einer Gletscherinsel vor Grönland zu finden ist. Sie trampt auf einem Eisbrecher dorthin. Gefährlich.

Hinter all dem Ärger steckt ein Meteorit, und Smilla wäre bestimmt lieber in die Südsee gefahren.

Unten am Fluss, 1972
Richard Adams, 1920-

unten am Fluss

Der Hase Fiver und sein Bruder Hazel fürchten, dass die Hasenheimat zerstört werden soll, und stiften die anderen Wildkaninchen zur Flucht an.
Einige folgen ihnen.

Auf ihrer Suche nach einem neuen Zuhause müssen sie viele Abenteuer bestehen. Besonders schlimm: Die jungen Rammler haben nicht daran gedacht, auch Hasenweibchen mitzunehmen. Und wir haben es hier mit Kaninchen zu tun!

Nach einigem Auf und Ab gelingt es, einige Hasendamen ins neue Heim zu lotsen. Und dort endlich ein glückliches und zufriedenes Hasenleben zu führen.

Schiffbruch mit Tiger, 2001
Yann Martel, 1963-

122

Nach einem Schiffbruch können sich nur der kleine Pi, ein Zebra, eine Hyäne, ein Orang-Utan und der Tiger Richard Parker auf ein Boot retten. Keine gute Mischung.

Schiffbruch mit Tiger

Richard Parker verspeist nach und nach seine Mitreisenden. Nicht wirklich überraschend – so etwas tun Tiger nun mal.

Nach 227 Tagen sind nur noch der Tiger und Pi übrig. Sein Glück, dass sie genau dann in Mexiko landen und der Tiger sofort verschwindet.

Oder war alles ganz anders?

Naked Lunch, 1959
William S. Burroughs, 1914-1997

124

Naked Lunch

William Lee ist Kammerjäger – und ausserdem als Junkie immer auf der Suche nach dem nächsten Schuss.

Er verbringt viel Zeit (und viele Seiten) in einer rauschhaften Zwischenwelt, wo er mit Tausendfüsslern rumhängt und von Gewaltorgien fantasiert.

Auf der Suche nach immer neuem Stoff, tötet Lee Polizisten, die hinter ihm her sind.
Irgendwie trostlos, aber immerhin ein Klassiker der Beat-Literatur.

Alice im Wunderland, 1865
Lewis Carroll, 1832-1898

126

Alice im Wunderland

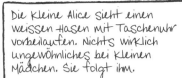

Die kleine Alice sieht einen weissen Hasen mit Taschenuhr vorbeilaufen. Nichts wirklich ungewöhnliches bei kleinen Mädchen. Sie folgt ihm.

Neben vielen anderen Abenteuern im Wunderland, nimmt Alice an einer echt verrückten Teegesellschaft teil. Aber sie wird dort nicht recht warm und verschwindet wieder.

Am Ende wacht sie neben ihrer Schwester unter einem Baum auf. Alles nur ein Traum?

Der Ekel, 1938
Jean-Paul Sartre, 1905-1980
___

128

Der Ekel

Im Prinzip tut Antoine den lieben langen Tag nichts, ausser über die Vergeblichkeit des Lebens zu brüten. Sinnlos.

Er hat keinen Job (na ja, er ist Autor), keine Freunde, hasst die Stadt und kommt mit seinem Buch nicht voran. Und seine Ex-Freundin will nichts mehr von ihm wissen. Alles sinnlos.

Er beschliesst, einen Roman zu schreiben, der seinem Leben einen Sinn geben soll. Das ändert aber nichts daran, dass er immer ein grübelnder Verlierer – ohne Freundin – bleibt. Sinnlos!

Fettklösschen, 1884
Guy de Maupassant, 1850-1893

130

Fett-klösschen

1870/71, der Deutsch-Französische Krieg: Eine Gruppe Flüchtender versucht in einer Postkutsche den Kriegswirren zu entkommen. Unter ihnen ist auch Fettklösschen, eine Prostituierte.

Als sie ihre Vorräte mit den hungrigen Mitreisenden teilt, ist Fettklösschen plötzlich bei allen sehr beliebt. Da sage noch einer, Freundschaft liesse sich nicht erkaufen.

Aber dann: Sie muss mit einem preussischen Offizier schlafen, um die anderen zu retten – und alle schauen wieder auf sie herab.

Vielleicht hätte sie doch beim Catering bleiben sollen ...

Und dann gabs keines mehr, 1939
Agatha Christie, 1890-1976

Zehn Leute werden mit gefälschten Einladungen auf eine einsame Insel gelockt. Dort wird ihnen vom grossen Unbekannten der Prozess gemacht.

Von der Insel können sie nicht fliehen und werden, einer nach dem anderen, umgebracht.

Auf der letzten Seite des Buches findet sich ein Brief von Richter Wargrave (einem der Zehn), der alles geplant, ausgeführt und sich schliesslich selbst umgebracht hat.

Treffender Titel also.

Clockwork Orange, 1962
Anthony Burgess, 1917-1993
___

134

Clockwork Orange

Die Zukunft (jedenfalls bei Erscheinen des Buches): Alex und seine Freunde hängen so rum, verprügeln Leute und betrinken sich sinnlos – auch mit Milch.

Alex kommt ins Gefängnis, später in eine Anstalt. Dort wird er gezwungen, sich stundenlang Gewaltfilme anzusehen und dabei Beethoven zu hören.

Ergebnis: Vom gewissenlosen Gewalttäter wird Alex zum willenlosen Subjekt. Und alle sind zufrieden. Nur ihn hat keiner gefragt.

Der Glöckner von Notre-Dame, 1831
Victor Hugo, 1802-1885

136

Der Glöckner von Notre-Dame

Die wunderschöne Esmeralda wird zu unrecht des Mordes verdächtigt. In Notre-Dame wird sie vom Dompropst Frollo festgehalten, der von ihr besessen ist.

Quasimodo, der ungeliebte Ziehsohn Frollos und Glöckner der Kathedrale, verliebt sich in Esmeralda – wer will es ihm verdenken – und will sie vor der Hinrichtung retten.

Aber vergeblich: Esmeralda muss sterben. Schuld daran ist Frollo, den Quasimodo deshalb vom Turm wirft. Auch tot. Am Ende stirbt Quasimodo an Esmeraldas Grab. Alle tot.

Drei Mann in einem Boot, 1889
Jerome K. Jerome, 1859-1927
―――――――――――――――――

138

Drei Mann in einem Boot

Drei Freunde beschliessen, einen Bootstrip auf der Themse zu unternehmen. Ein Hund darf auch mit. Das wird ein Spass.

Na ja: Es regnet und regnet, eine Frau ertrinkt, und zu essen haben sie auch nichts mehr. Kurz gesagt: Doch keine so gute Idee.

Also gehen sie wieder heim. Vorher schauen sie aber noch in einem Pub vorbei. Happy End.

Von Mäusen und Menschen, 1937
John Steinbeck, 1902-1968

140

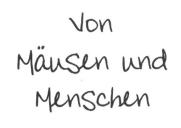

Von Mäusen und Menschen

George und Lennie sind Wanderarbeiter auf einer Farm. Beide träumen von einem besseren Leben mit eigenem Land und Haus – und mit jeder Menge Kaninchen.

Lennie, der nicht der Hellste ist, aber jede Menge Kraft hat, bricht aus Versehen (wirklich!) der Schwiegertochter des Farmbesitzers das Genick. Dummes Missgeschick. Er flieht.

Um Lennie vor dem Gefängnis zu bewahren, erschiesst ihn George. Wozu sind gute Freunde schliesslich da ...?

Unterwegs, 1957
Jack Kerouac, 1922-1969

142

Der Meister und Margarita, 1966
Michail Bulgakow, 1891-1940
―――――――――――――

144

Der Meister und Margarita

Voland, von Beruf Magier und Satan, taucht in Moskau auf. Im Schlepptau hat er unter anderem einen riesigen Kater, der Waffen und Wodka liebt.

»Der Meister«, ein ehemaliger Schriftsteller, sitzt in einer Irrenanstalt (ein Buch hat ihn in den Wahnsinn getrieben). Seine Geliebte, Margarita, schliesst einen Pakt mit Voland, um den »Meister« zu retten.

Voland bringt die beiden noch einmal zusammen und »erlöst« sie dann mit dem gemeinsamen Tod. Dann zieht er weiter. Auftrag erfüllt.

Der Fänger im Roggen, 1951
J.D. Salinger, 1919–

Ulysses, 1922
James Joyce, 1882-1941
―――――――――――――――――――

148

ulysses

Jeder Tag sollte mit einem ordentlichen Frühstück beginnen. Warum nicht auch ein grosser Roman? Also: Leopold Bloom sitzt in Dublin beim Frühstück.

Leopold streift durch die Stadt und trifft viele Menschen, mehrmals auch Stephen Dedalus, mit dem er sich durch die ganze Stadt trinkt (wir sind hier in Irland).

Nach einem Bordellbesuch trennen sich die beiden wieder. Leopolds Frau beendet das Buch mit einem Monolog ohne Punkt und Komma. Ach ja, knapp 1000 Seiten schönster Prosa gibt es auch noch.

Das verräterische Herz, 1843
Edgar Allan Poe, 1809-1849

150

Das verräterische Herz

Der Erzähler beschliesst seinen Mitbewohner zu töten. Ein netter älterer Herr, dessen eines Auge, blassblau, nur leider von einem dünnen Häutchen überzogen ist. Das weckt Mordgedanken.

Nach einigen vergeblichen Versuchen bringt er ihn schliesslich um. Dann versteckt er die Leiche in einem Hohlraum unter den Dielen. Die Polizei kann kommen.

Beim Gespräch mit den Polizisten glaubt der Erzähler, das Herz des Toten unter den Dielen immer lauter pochen zu hören. Das treibt ihn beinahe in den Wahnsinn – und er gesteht.

Eine Geschichte voller Herzklopfen.

Das Boot, 1973
Lothar-Günther Buchheim, 1918-2007
———————————————
152

Watchmen, 1986/87
Alan Moore, 1953-

154

watchmen

Der ehemalige Superheld The Comedian wurde ermordet. Kein Spass.

Seine Kollegen Rohrschach und Nite Owl II geben ihren Ruhestand auf und machen sich auf die Suche nach dem Täter. Steckt hinter alldem eine Verschwörung?

New York soll zerstört werden. Die Superhelden-Rentner kommen noch einmal zusammen, um das Böse aufzuhalten. Alles in allem aber keine gute Zeit für Helden.

Einer flog über das Kuckucksnest, 1962
Ken Kesey, 1935-2001

156

Einer flog über das Kuckucksnest

Randy McMurphy wird vom Gefängnis in eine Irrenanstalt verlegt. Endlich frischer Wind. Die Party kann beginnen.

McMurphy bringt viel durcheinander und den stotternden Billy Bibbit zum ersten Mal mit einer Frau zusammen. Schwester Pratchard ist nicht begeistert. Als sie droht, Billys Mama alles zu erzählen, bringt er sich um. Und McMurphy beinahe Schwester Pratchard.

Zur Strafe bekommt McMurphy eine Lobotomie. Sein Hirn ist danach hin. Um ihm die Anstalt zu ersparen, bringt ihn ein Mitinsasse um und haut dann ab.

Dann ist wieder Ruhe.

Thérèse Raquin, 1867
Émile Zola, 1840-1902

158

Thérèse Raquin

Thérèse wird gezwungen, ihren seltsamen Stiefbruder Camille zu heiraten. Kein Freudentag für sie.

Sie beginnt eine Affäre mit Camilles bestem Freund Laurent. Zusammen werfen sie Camille bei einem Bootsausflug über Bord. Er ertrinkt.

Aber ihre gemeinsame Zukunft ist nicht sonderlich rosig: Ihre Schuldgefühle treiben sie fast in den Wahnsinn. Schliesslich bringen sich beide um. Übrig bleibt nur die Schwiegermutter.

Unser Mann in Havanna, 1958
Graham Greene, 1904-1991

160

Unser Mann in Havanna

Kuba, kurz vor der Revolution: Der Staubsaugervertreter Wormold lebt mit seiner Tochter Milly in Havanna – und braucht ständig Geld. Also lässt er sich vom britischen Geheimdienst anheuern.

Da er vom Spionieren keine Ahnung hat, erfindet er Geschichten für seine Auftraggeber. Und als Mann vom Fach verkauft er den Geheimdienstlern den Bauplan eines Staubsaugers als Karte eines geheimen militärischen Komplexes. Gelernt ist eben gelernt.

Der Schwindel fliegt auf, der Geheimdienst ist blamiert. Wormold bekommt sogar einen Orden, mit dem die peinliche Panne in Havanna vertuscht werden soll. Und das alles wegen Staubsaugern.

Charlie und die Schokoladenfabrik, 1964
Roald Dahl, 1916-1990
───────────────────────

162

Charlie und die Schokoladenfabrik

Charlie gewinnt den Traum eines jeden Kindes: eins von fünf Tickets für eine ganz besondere Tour durch Willy Wonkas Schokoladenfabrik. Lecker.

Wonka, ein ziemlich durchgeknallter Typ, übernimmt die Führung durch die Fabrik. Einen Wasserfall aus Schokolade gibt's hier übrigens auch. Die vier andren Ticketgewinner sind echte Blagen.

Am Ende ist nur noch Charlie übrig und räumt den Hauptgewinn ab: die ganze Fabrik. Randvoll mit Schokolade!

Wie gesagt, der Traum eines jeden Kindes.

Frankenstein, 1818
Mary Shelley, 1797-1851
___

164

Franken- stein

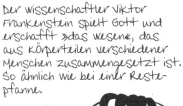

Der Wissenschaftler Viktor Frankenstein spielt Gott und erschafft »das Wesen«, das aus Körperteilen verschiedener Menschen zusammengesetzt ist. So ähnlich wie bei einer Restepfanne.

Das Wesen, das verständlicherweise kein besonders grosses Selbstbewusstsein hat und sich missverstanden fühlt, bringt aus Wut und Rache Frankensteins Freunde und Verwandte um die Ecke.

Frankenstein jagt es, verliert aber die Spur am Nordpol. Dann stirbt er, das Wesen ist darüber tief betrübt, fühlt sich schuldig und bringt sich selbst um. Ende.

Bei »Jugend forscht« wäre das sicher nicht passiert.

Robinson Crusoe, 1719
Daniel Defoe, 1659/1661-1731

166

Robinson Crusoe

Robinson Crusoe erleidet Schiffbruch und kann sich gerade so auf eine einsame Insel retten. Die liegt zwar in der Karibik, hat aber keinen Kabelanschluss. Ein hartes Los.

Es folgen 25 einsame Jahre – wie gesagt: ohne Fernsehen.

Dann stören Kannibalen seine Ruhe, und er rettet einen ihrer Gefangenen, den er Freitag nennt. Schliesslich kommt doch noch ein Schiff vorbei und bringt ihn heim.

Schöner Stoff für eine Auswanderer-Dokuserie.

Der Hund von Baskerville, 1901/02
Arthur Conan Doyle, 1859-1930

168

Der Hund von Baskerville

Auf der Familie Baskerville lastet ein Fluch: Ein riesiger Bluthund treibt sein Unwesen. Als der alte Baskerville tot aufgefunden wird, ruft man Sherlock Holmes zu Hilfe.

Jeder ist verdächtig. Und wenn man Sherlock Holmes heisst, vertraut man wirklich niemandem (ausser Dr. Watson vielleicht). Vor allem nicht dem Spitzbuben Stapleton.

Nicht einmal ein fieser britischer Nebel kann Holmes stoppen: Stapleton war der Mörder. Er hatte einen mutierten Hund benutzt, um an das Geld des Baskervilles zu kommen.

Fall gelöst.

Der Steppenwolf, 1928
Hermann Hesse, 1877-1962
―――――――――――――――――

170

Der Steppenwolf

Harry Haller ist ein zweifelnder Schriftsteller: berufslos, familienlos, mutlos, und ausserdem steht sein fünfzigster Geburtstag bevor. Ziemlich trostlose Mischung.

Dann trifft Harry die junge Hermine, die zu einer Seelenverwandten wird und ihm zeigt, warum und wie es sich zu leben lohnt.

Auf einem Maskenball versucht Harry Hermine im Rausch umzubringen. Das Leben ist halt doch, wie es ist: trostlos. Und nun?

seufz

Stolz und Vorurteil, 1813
Jane Austen, 1775-1817

172

Stolz und Vorurteil

Als die beiden Junggesellen Bingley und Darcy im beschaulichen Meryton auftauchen, ist Ärger vorprogrammiert. Und nicht nur die Damenwelt bringen sie durcheinander.

Darcy scheint im Lauf des Buches seinem Ruf als hochnäsiger, versnobter Idiot alle Ehre zu machen. Deshalb lässt ihn die schöne und vorlaute Elisabeth mit seinem Heiratsantrag auch abblitzen.

Dann findet sie aber heraus, dass er gar kein so schlechter Kerl ist, wie sie dachte. Schliesslich heiraten die beiden doch.

Der Beginn der Hugh-Grant-Beschäftigungsindustrie.

Die Nackten und die Toten, 1948
Norman Mailer, 1923-2007
───────────────────────────

174

Die Nackten und die Toten

Zweiter Weltkrieg: Amerikanische Truppen versuchen, eine Insel im Pazifik einzunehmen. Den Japanern ist das gar nicht recht.

Bei der Überquerung des wirklich hohen Mount Anaka tritt einer der Soldaten in ein Hornissennest. Merke: Hornissen ist der Krieg egal – wenn sie nicht gestört werden.

Die Japaner sind weg, aber so richtig freuen können sie sich darüber nicht. Auf den Stress und die Stiche hätten sie gern verzichtet.

2001: Odyssee im Weltraum, 1968
Arthur C. Clarke, 1917-2008

176

2001: Odyssee im Weltraum

Das Raumschiff Discovery One ist unterwegs zum Saturn. Der Einzige, der über Zweck und Ziel der Mission Bescheid weiss, ist HAL 9000, ein ziemlich cleverer Computer.

Schöne neue Technik? Von wegen: HAL entwickelt auf der Reise ein unberechenbares Eigenleben und tötet beinahe alle Astronauten. Nur Dave Bowman ist noch übrig. Für ihn der richtige Zeitpunkt, HAL den Saft abzudrehen.

Bowman erreicht den Saturn, wird unsterblich und gelangt schliesslich in ein neues Universum. Jetzt könnte er HAL ganz gut gebrauchen.

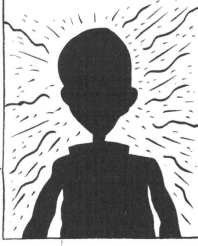

Oliver Twist, 1839
Charles Dickens, 1812-1870

178

Oliver Twist

Oliver Twist, ein Waisenjunge, hat es nicht leicht. Erst wird er herumgeschubst und gerät dann in die Fänge des kriminellen Fagin, der aus ihm einen Dieb machen will.

Keine gute Gesellschaft für einen kleinen Jungen. Sein undurchsichtiger Halbbruder taucht auch noch auf. Aber zum Glück gibt es ja noch das Gute im Menschen.

Der liebenswürdige Mr. Brownlow findet heraus, dass Oliver der verschollen geglaubte Sohn seines ehemaligen besten Freundes ist, und adoptiert den Jungen. Schön.

Hunger, 1890
Knut Hamsun, 1859-1952

180

Hunger

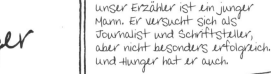

Unser Erzähler ist ein junger Mann. Er versucht sich als Journalist und Schriftsteller, aber nicht besonders erfolgreich. Und Hunger hat er auch.

Er lernt Ylajali (zumindest nennt er sie so) kennen und verliebt sich in sie. Das Leben könnte so schön sein. Verdammt hungrig ist er aber immer noch. Und sie verlässt ihn auch schnell wieder.

Am Ende heuert er als Matrose auf einem Schiff an. Und kann sich hoffentlich endlich mal wieder satt essen.

Der Alchimist, 1988
Paulo Coelho, 1947–

182

Der Alchimist

Andalusien: Der junge Schafhirte Santiago hat einen Traum. Er will einen Schatz in den Pyramiden finden. Also macht er sich auf den Weg.

In Afrika trifft er einen weisen Alchimisten, der ihm viele Tricks beibringt – unter anderem sich in den Wind zu verwandeln. Sehr hilfreich.

Beinahe am Ziel angekommen, findet Santiago heraus, dass der Schatz in Wahrheit in der Heimat auf ihn wartet. Tatsächlich. Santiago wird am Ende reich belohnt. Schön für ihn.

Ignaz und die Verschwörung
der Idioten, 1980
John Kennedy Toole, 1937-1969
─────────────────────────

184

Ignaz und die Verschwörung der Idioten

Ignatius Reilly ist dreissig, arbeitet nicht, isst zu viel und wohnt noch bei seiner Mutter in New Orleans. Ausserdem trägt er lustige Hüte. In New Orleans nichts ungewöhnliches.

Seine Mutter treibt ihn an, endlich einen verdammten Job zu finden – unter anderem als Hot-Dog-Verkäufer im French Quarter.

Aber überall wird er gefeuert.

Am Ende verschwindet er zusammen mit seiner Ex-Freundin in Richtung New York.

Der grosse Schlaf, 1939
Raymond Chandler, 1888-1959
___

186

Der grosse Schlaf

Privatdetektiv Philip Marlowe wird von General a.D. Sternwood angeheuert. Der wird mit Nacktfotos seiner Tochter Carmen erpresst.

Dann wird es kompliziert: Carmen möchte gern den Erpresser töten, aber jemand anderes kommt ihr zuvor. Später versucht sie es bei Marlowe, zum Glück nur mit Platzpatronen. Ach ja, ihren Schwager hat sie auch auf dem Gewissen.

Carmen wird eingewiesen, und Marlowe ist durcheinander. Und allein mit sich selbst und - natürlich - einem guten Schluck Gin.

Henrik Lange

Filmklassiker für Eilige

und am Ende kriegen sie sich doch

Wer überlebte bei Doktor Schiwago? Womit rächte sich der Terminator? Und warum wurde E.T. wirklich auf der Erde zurückgelassen? 99 Kinoklassiker im Überblick: Dieses Buch fasst das Wesentliche in nur vier Comics zusammen. Für alle, die Filme lieben, viele Filme kennen oder sich ganz schnell das Wichtigste erzählen lassen möchten.

> »Witzige Lektüre für alle,
> die in kürzester Zeit mit perfektem
> Kinowissen glänzen möchten.«
> FREUNDIN

Dan Ariely

Ist doch logisch!

Antworten auf halb bis ganz ernste Alltagsfragen

Immer die richtigen Entscheidungen treffen. Mit welcher Strategie findet man am ehesten einen Parkplatz? Was ist zu tun, damit der Urlaub länger erscheint? Wie kann man bei Aktiengeschäften die Ruhe bewahren? Das Leben ist voller Probleme und Fragen. Wie gut, dass der Verhaltensforscher Rat weiss. Dan Ariely liefert hilfreiche Denkanstösse – mit garantiertem Erkenntnisgewinn!

»Dan Ariely ist einer der originellsten und interessantesten Sozialwissenschaftler.«
DANIEL KAHNEMAN, NOBELPREISTRÄGER